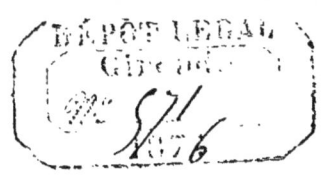

BIOGRAPHIE

DE

Raymond BURGUERIEU

Sauveteur du département de la Gironde

EXTRAITE DE L'OUVRAGE

LES SAUVETEURS GIRONDINS

PAR

Marius DORGAN

PRIX : 50 CENTIMES

BORDEAUX

TYP. DUVERDIER ET COMP. (DURAND, DIRECTEUR)

7, rue Gouvion, 7

1876

BIOGRAPHIE

DE

Raymond BURGUERIEU

I

S'il est un homme dans notre département qui mérite de prendre place dans notre galerie et d'y briller au premier rang, c'est assurément celui dont nous allons ici retracer la vie et rappeler les nombreux actes de courage; c'est celui de qui un jeune, mais déjà célèbre avocat de notre ville, disait dans un des plus grands procès criminels de notre époque : « Que sa poitrine ne serait bientôt plus assez large pour contenir les innombrables récompenses que méritent son courage et son dévouement. »

A peine âgé de quarante ans, Raymond Burguerieu compte plus de sauvetages et de belles actions que d'années d'existence. La mort, cette terrible faucheuse qui ne respecte rien, qu'aucun obstacle ne peut arrêter, emploie tous les moyens qui sont en son pouvoir pour s'emparer de ses victimes et recouvrir de son affreux linceul ceux dont elle veut faire sa proie. Les maladies ne lui suffisent pas, elle invente les suicides et les guerres ; ces derniers moyens n'assouvissent pas encore sa soif insatiable, elle crée les accidents. Alors l'homme ne peut plus faire un pas, ne peut plus agir, ni faire un mouvement, sans rencontrer à chaque instant une de ces embûches, un de ces piéges tendus par cette affreuse commère, et dans lesquels il tombe sans apercevoir le rire sarcastique de la mort, qui, sans perdre un moment, fond sur sa malheureuse victime.

Mais Dieu qui, par-dessus tout, aime et chérit les hommes, le Créateur qui connaît la faiblesse de ses créatures, n'a pas voulu les laisser seules en lutte avec une si terrible ennemie. Il a jeté sur la terre d'autres créatures plus fortement trempées, d'autres hommes dont la mission est d'arracher à la mort ceux dont elle vient de s'emparer et auxquels il a dit : « Vous lutterez et vaincrez contre la mort ! »

Raymond Burguerieu est une de ces créatures, il est un de ces hommes.

II

Raymond est un enfant de Bordeaux, qu'il a rarement quitté. Dès sa plus tendre enfance, il fut rudement éprouvé par la mort de sa mère, une digne femme qu'il chérissait par-dessus tout, et de son jeune frère emportés tous deux par le choléra qui sévissait alors sur la cité bordelaise.

Dès lors, Raymond se trouvant seul et, sans les affections de la famille, éprouva le besoin de se dévouer aux autres et de lutter contre cette implacable ennemie qui lui avait ravi les êtres les plus chers à son cœur.

Un jour, c'était le 25 juin 1853, Raymond Burguerieu se trouva pour la première fois en face d'elle. La cruelle venait de s'emparer et de saisir un malheureux jeune homme, encore plein de vigueur et de santé; elle avait ouvert sous ses pieds un gouffre terrible et effrayant : l'eau. L'infortuné allait périr, ses forces l'abandonnaient et la mort allait compter une nouvelle victime, lorsque Burguerieu, qui avait aperçu la lutte, se précipita au secours du malheureux jeune homme. Le combat recommença, les chances s'égalisèrent, et la mort vaincue par un si terrible adversaire, lâcha peu à peu sa proie. Quelques instants après, cet être, qui allait infailliblement périr dans la Garonne, était rendu à la société, et, pour la première fois, Raymond Burguerieu venait de sauver la vie d'un homme.

III

Cet événement n'était que le prélude de ce que devait accomplir plus tard le courageux sauveteur.

En effet, au mois de juillet 1854, un jeune homme de quinze ou seize ans, recueilli par l'hospice des Enfants-Trouvés de Bordeaux, se baignait tout près des chantiers du Roy, lorsque, s'étant sans doute trop éloigné de la limite ordinaire, il disparut dans la Garonne.

Burguerieu, qui en ce moment passait en bateau, n'hésita pas un seul instant devant le danger qui menaçait le malheureux jeune homme et se jeta résolûment à l'eau. Il plongea et replongea à dix reprises différentes, mais inutilement : l'imprudent était pris entre le fond et un bateau qui ne pouvait avancer. Voyant l'inutilité de ses efforts, Raymond allait se retirer lorsque, supplié par les sœurs de l'hospice accourues sur les lieux, il fit une dernière tentative et parvint, après trois quarts d'heure de travail incessant, à retirer le malheureux garçon. Mais, hélas ! cette fois la mort avait vaincu, et il ne ramena qu'un cadavre.

Les bonnes sœurs adressèrent au dévoué sauveteur les plus chaleureuses félicitations.

Depuis cette époque, les sauvetages opérés par Raymond Burguerieu se succédèrent incessamment.

En 1855, il arrête au pont de Langon un bœuf furieux qui avait échappé à son gardien, après avoir brisé les portes de l'abattoir, et qui répandait la terreur dans la ville.

Il arrache à la mort une jeune fille dont les vêtements étaient en feu, et la transporte sur ses bras à l'hôpital Saint-André.

Ce dernier fait s'est passé dans le magasin de M. Paul Imbert, bijoutier, cours de l'Intendance.

Enfin, et pour couronner dignement l'année, il sauve le nommé Raymond Belloc, qui venait de tomber dans la Garonne, derrière les chantiers Sainte-Croix.

Le 29 juillet 1856, trois hommes, les nommés Léon Lac, Henri Quinard et Fougère, se promenaient en bateau dans le port de Bordeaux. Tout à coup, et par suite d'une imprudence, l'embarcation chavira et les promeneurs furent précipités dans la Garonne où ils auraient infailliblement péris, si Burguerieu n'était pas venu à leur secours. Après de longs efforts, il parvint à les ramener tous trois à terre et à les arracher à une mort certaine.

Le 4 août 1857, le nommé Hippolyte Guinier tombe à l'eau aux Douze-Portes, et va y trouver la mort, lorsque Burguerieu se jette tout habillé dans la Garonne et parvient à le sauver.

Le lendemain, il sauve également le nommé Félix Limosin, en danger de se noyer près du pont de Bordeaux.

Enfin, quelque temps après, il sauve, près des chantiers de l'Océan, le nommé Édouard, qui venait de tomber à l'eau.

La lutte de Raymond Burguerieu contre la mort se poursuit, il semble qu'elle veut le narguer et qu'elle attend sa présence pour choisir ses victimes.

En 1858, le 12 novembre, un terrible incendie

éclate à la corderie située près de l'établissement des Aliénées de Bordeaux. Un homme est surpris par les flammes, et il lui est impossible d'échapper à une mort inévitable. L'anxiété est au comble parmi les assistants, les cœurs battent et chacun pleure sur le sort de la malheureuse victime. Dans un instant, si un miracle ne s'opère pas, la toiture et les planchers vont s'effondrer et engloutir l'infortuné. Mais il n'en sera rien, Raymond Burguerieu est là : ce miracle, il l'opérera. N'écoutant que son courage, il se précipite au milieu des flammes et parvient à en retirer le malheureux aux acclamations d'une foule enthousiasmée. Le courageux sauveteur reçut, dans cette circonstance, une blessure au bras droit, que constate un certificat délivré par le docteur Azam.

Le 29 juin de la même année, il avait déjà retiré de la Garonne le nommé Sellier, qui était sur le point de se noyer. En 1861, il retire de l'eau le nommé Pierre Coquereau.

En 1862, il sauve successivement les nommés Jacques Charretier, Cabannes et Chauveau, qui étaient en danger de se noyer dans la Garonne.

L'année 1863 est dignement remplie par le sauteur bordelais :

Il arrête tout d'abord, dans la cour de l'abattoir de Bordeaux, un cheval emporté qui y répandait la terreur. Il ne put le maîtriser de suite et fut traîné sur les pierres pendant quelques instants.

Le 6 mai et le 5 juillet, il sauve les nommés

Bourseaud et Louis Gourgues, qui allaient périr dans la Garonne.

Le 3 novembre de la même année, un bœuf furieux parcourait la rue du Mirail, à Bordeaux, et jetait l'épouvante parmi la population en renversant tout sur son passage, et en blessant deux hommes dévoués qui avaient voulu l'arrêter.

L'animal pénètre dans la cour du Mont-de-Piété, mais il est immédiatement suivi par Burguerieu, qui vient d'arriver. L'intrépide sauveteur accule la bête dans un coin, et, après une lutte de quelques minutes, parvient à l'arrêter, aux applaudissements de deux mille personnes, témoins de cet acte de courage.

A la même époque, un terrible incendie détruisit en partie l'Hôtel-de-Ville de Bordeaux. C'est là que Burguerieu, qui appartenait alors au corps des sapeurs-pompiers, retira neuf personnes de dessous les décombres, qu'il arracha à une mort certaine, car, un instant après, les plafonds s'écroulaient.

Le 17 juillet 1864 il sauva, dans le bassin d'Arcachon, à cinq cents mètres de la plage, un imprudent baigneur, le nommé Albert Sablan, qui allait se noyer.

En 1865, il arrache également aux flots le nommé Jean-Marie Prévot.

Le 2 mars 1866, un bœuf furieux, qui parcourait le quartier Sainte-Croix, se réfugie chez M. Dupuch, instituteur, rue du Noviciat. L'animal avait déjà blessé cinq personnes et menaçait de causer d'autres ravages, lorsque Burguerieu, que le commissaire de police avait envoyé chercher, arrive en toute hâte, et, avec une vigueur extraordinaire (car il est doué d'une force herculéenne), maintient la bête par les cornes, et la met dans l'impossibilité de nuire.

Plus tard, en 1867, il arrête, sur le pont de Bordeaux, une vache landaise qui, échappée à ses gardiens, menaçait d'occasionner de graves accidents.

Dans la même année, se trouvant à Rochefort, il trouve également l'occasion d'arrêter un bœuf furieux qui parcourait les rues de la ville.

Enfin, le 4 septembre, il sauve une jeune fille tombée à l'eau entre deux pontons, près de l'école de natation de Bordeaux.

En 1871, Burguerieu rappelle à la vie, par l'aspiration des poumons, un jeune homme près à s'asphyxier.

L'année ensuite, il sauve, à dix heures du soir, le nommé Henri Lesec, garçon de bains à la Bastide, qui se noyait dans la Garonne.

Les sauvetages opérés par Raymond Burguerieu sont innombrables, et il nous serait impossible de les rappeler tous. Disons seulement que, pendant cinq années, il fut de service sur le pont de Bordeaux, et que, pendant ce laps de temps, plus de vingt personnes lui ont dû la vie.

Enfin, depuis huit ans qu'il appartient aux bains de natation de la Bastide comme maître nageur, il ne se passe pas de mois sans que cet homme dévoué n'arrache à la mort quelque imprudent baigneur.

Nous ne saurions mieux terminer cette série d'actes de dévouement du courageux sauveteur que par le fait suivant :

Une jeune fille, Jeanne F..., à peine âgée de dix-sept ans, que minait depuis quelque temps des chagrins de famille qu'il ne nous appartient pas de reproduire ici, se mourait dernièrement d'une maladie de cœur. Les efforts de la science étaient impuissants, et l'on attendait dans l'anxiété l'instant où cet ange allait rendre son âme au créateur. Les médecins voulurent cependant tenter un dernier effort, et ils songèrent à la transfusion du sang.

Mais, où trouver un homme ? où trouver un être assez courageux pour supporter cette opération et arracher à la mort cette nouvelle victime ? Burguerieu se présenta, lui seul était capable d'un tel dévouement, lui seul avait la force de lutter contre l'implacable ennemie qui voulait s'emparer de cette malheureuse enfant.

Malgré les efforts de la science, l'infortunée succomba, après avoir supporté deux fois cette dangereuse opération, et Burguerieu, dont le dévouement avait été désintéressé, eut la douleur de ne pouvoir conserver à la société une jeune fille dont la grandeur d'âme et la noblesse de caractère eussent fait une de ces femmes dont s'honore à juste titre une famille.

IV

Raymond Burguerieu n'est pas seulement un courageux sauveteur, il est aussi un philanthrope dévoué, un de ces bienfaiteurs modestes de l'humanité dont on aime à rappeler les traits de charité.

Pendant la dernière guerre de 1870, alors que les blessés arrivaient en foule dans nos villes du Midi, Burguerieu ne fut pas le dernier à leur offrir un refuge chez lui ; douze de ces malheureux furent recueillis chez cet homme, dont la bonté de cœur égale le courage, et pendant trois mois il employa le maigre salaire que lui procurait son état de garçon boucher au soulagement de ces pauvres enfants, qu'un misérable despote avait envoyé à la mort.

Lorsque le choléra sévissait à Bordeaux, Burguerieu sut, comme toujours, faire son devoir ; il soigna les malades avec un zèle et un dévouement dignes d'éloges.

Enfin, pendant la période de variole qui éclata en 1870, il recueillit chez lui, pendant trois mois, un malheureux jeune homme atteint de cette terrible maladie, et, grâce à ses bons soins, il l'a complètement rétabli.

Burguerieu, quoique peu fortuné, n'oublia pas non plus les devoirs que commande la charité, et donna souvent davantage que ses moyens ne lui permettaient. A une époque oubliée par le généreux sauveteur, il fit loter, au profit des pauvres, deux moutons lui appartenant, et soulagea ainsi de tristes misères.

Il appartenait également à ce brave de ne pas oublier ces autres braves qui, avec le grand capitaine Bonaparte, avaient porté haut, et fait respecter dans tous les pays, le glorieux nom de la France. Il fournit, pendant un certain temps, une grande quantité de viande aux courageux invalides de l'asile Sainte-Hélène de Bordeaux

Tant de nobles actions, tant d'admirable courage, méritaient une récompense; le gouvernement le comprit, et Burguerieu obtint : 1º une médaille d'argent de 2ᵉ classe; 2º une médaille d'argent de 1ʳᵉ classe; 3º une médaille d'or de 2ᵉ classe. Il fut, en outre, admis comme membre de la Société belge de Sauvetage, de la Société des Sauveteurs de Carcassonne et de la Société de Confucius, de France.

V

Ecce homo ! Voilà quel est celui dont nous venons d'exquisser à grands traits la biographie. Ne vous semble-t-il pas, ô lecteur! qu'il y a un parallèle à établir entre cet homme, dont l'existence se passe à arracher à la mort les êtres dont elle veut se saisir, et ces autres hommes, véritables génies destructeurs de l'humanité, qui semblent n'être sur la terre que pour lui envoyer les victimes dont elle doit se repaître.

Pendant que le courageux sauveteur lutte et combat contre la mort, ces derniers, qu'on nomme princes, rois ou empereurs, montent sur un trône, commandent à une foule d'esclaves et de serfs, et voulant satisfaire un caprice ou une sotte ambition, n'ont rien de plus pressé que de déclarer la guerre et de lui livrer en *bloc* des êtres dont elle mettrait peut-être plus de temps à s'emparer. Que de lâchetés, que de vilénies à côté de tant de dévouement!....

S'il est vrai qu'il y a une seconde vie, s'il est vrai que Dieu récompense là-haut les bonnes actions d'ici-bas; lorsque Raymond Burguerieu deviendra lui-même la victime de celle à qui il en a tant arraché, il verra venir sans crainte l'instant où il paraîtra devant l'Être suprême.

Mais, ce n'est là qu'une fiction, ce n'est là qu'un idéal auquel nous n'attachons pas plus d'importance qu'il ne mérite, et c'est pourquoi nous voudrions voir la justice des hommes devancer celle de Dieu. Rappelant donc, pour terminer, les paroles de ce célèbre avocat dont nous parlions en commençant, espérons qu'il restera encore sur la noble poitrine du courageux sauveteur bordelais une petite place pour une récompense plus grande!

Bordeaux — Imp. DUTERDIER et Cle (DURAND directeur), rue Gouvion, 7.

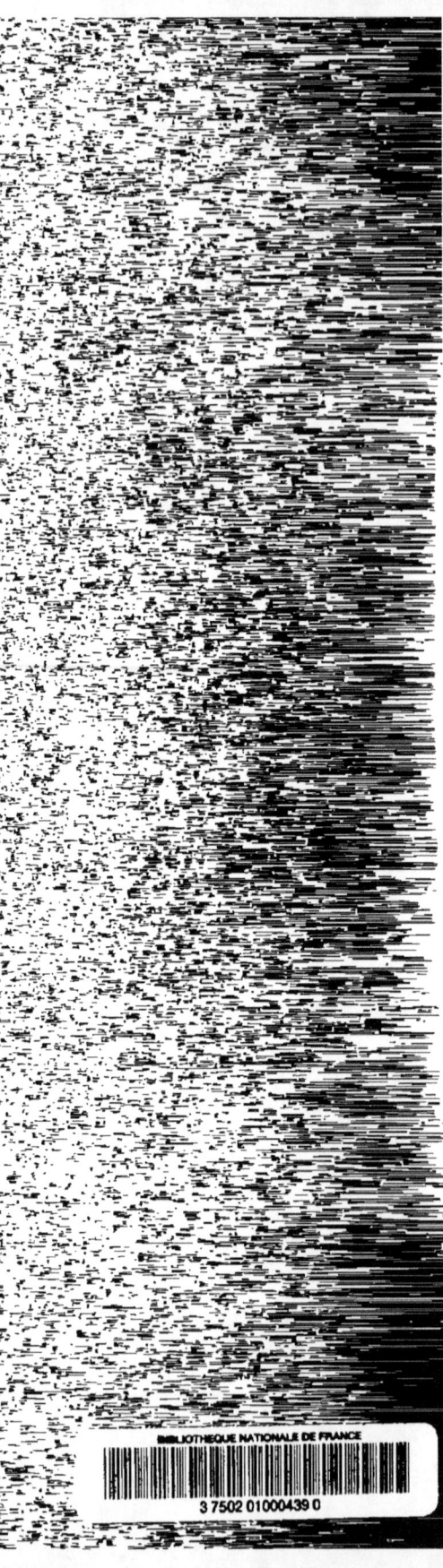

www.ingramcontent.com/pod-product-compliance
Lightning Source LLC
Chambersburg PA
CBHW070500080426
42451CB00025B/2955